JN417995

체념에서 봤다

체념에서 봤다

홍순미 시집

月刊文學 출판부

|『체념에서 봤다』를 내며 |

취미생활로 詩를 쓰기 시작했다. 지금도 나는 일기 쓰듯 詩를 쓴다. 이런 나는 詩人이 아니다. 그러나 나는 철저한 내 안의 이야기꾼으로 남고 싶다.

송준영 詩人으로부터 처음 詩를 배울 때 나는 '정남희'와 '김혜순' 같은 현대시인들의 詩를 패러디하는 기법으로 배웠다. 그랬던 습작 詩들은 첫 시집에 기록되었다.

이후로도 나는 때때로 패러디로 詩를 썼다. 〈동물의 왕국〉을 보고 「누 떼」를 썼고, 다큐를 보고 「늪」을 썼다. 이제 손자를 본 할미로서 쓰기보다 읽는 일에 비중을 두려 한다. 그동안 흥분과 설렘으로 갈겨댔던 열정이 부끄러워 조용히 펜을 내려놓는다.

첫 번째 체념에서 얻은 건 비울 걸 비워야 올 게 오는 거였다.

두 번째 체념에서의 깨달음은 빈 그릇이었다. 뭘 들고 산다는 게 여간 힘든 일이 아니다. 그러기에 이 시대는 너무 시끄럽다. 입만 있고 혼(정신)이 없다. 달변가는 고요를 모른다. 어느 순간 내 에너지가 너무 커버렸다. 보일 게 보인 게 문제가 됐다. 이 모든 게 누가 되는 걸 깨닫는다.

체념에서 봤다. 빈 그릇, 빈 게 여간 행복한 게 아니더라. 모든 걸 버린다. 고요가 좋은 걸 이제야 알았다.

내 몸을 낮춘다. 나를 묻고,

2017년 1월 23일 기록하다

차례

홍순미 시집

체념에서 봤다

모자를 썼다

찢어진 벽지에서 죽어가는 나비를 보고
내면이 면도칼을 든 채 끊어지고 떨어지는
오감도 속 '이상'은 죽었다.
날마다 모자를 쓰고 일어나던 이상(dream)은 현란했으나
현실은 파르르 떨고 있는 나비 날개다.

긴 촉수를 내밀어 더듬더듬 '이상'의 날개를 잘라낸다. 불안,

체념에서 봤다 · 3

요즘은 입만 있고 '혼'이 없다.
달변가는 고요가 없고,

미덕이 고요다.

그들이 불붙은 벌떼처럼 한꺼번에
달려들면 나는 곧 죽을지도 모르겠다.

Between Snacks and Snakes

Snacks(간식)와 Snakes(뱀) 두 단어 사이 전혀 다른 의미의 단어를 잘못 혼돈하여 Snacks를 Snakes로 잘못 알아들었다면 거듭 놀랄 것이다. 그도 그럴 것이 후식을 Snakes로 먹자고 들었을 테니 말이다.

이처럼 말하는 이의 의도와 전혀 다른 뜻으로 잘못 알아듣고 맘대로 해석하고 말하는 데는 미치고 환장할 노릇이다. 이럴 때 나는 가끔 뱀을 먹어 버리고 싶을 때가 있다. 제발 듣고 말하는 일에 있어서 'Upright' 곧고 반듯했으면 좋겠다.

* Snacks와 Snakes 두 단어의 뉘앙스는 영어교재에서 발췌했다.

검은 비

에딘버러의 검은 비(석유)처럼

비야 비야 내려라.

흑비가 내리는 날
그 비가 내리면 나는 너를 다른 대지에 골고루 뿌려지게 엽기적인 방법으로 태양을 가릴 거야. 그리고 음지의 사람들 옷이 충분히 젖을 수 있도록 양동이로 퍼부을 거야.

비야 비야 내려라. 검은 비야 쏟아져라.

갈증의 갈증으로 숨가쁠 그들의 가슴을 적셔 다오. 그리고,

천국과 지옥

화장터의 불구덩이 속으로
집어처넣을 장례문화 앞에서
천당을 꿈꾸고 사는 게
여간 우스운 게 아니다.

불구덩이에 던져질 터인데
우리는 자신한테 속이고 속고 산다.

'뜨거운 지옥은 싫으니 나 죽으면 절대
절대로 화장일랑 말라' 해놓고 나니
한 줌 재로 지중해에 뿌려 달랬던 말이 무색해졌다.
'수장해 달라' 려니 상어 이빨도 무섭고,

에라~ 모르겠다.
날랑 죽지 말고 천년만년 여기서 살란다.

밀면 다 나와

삐삐에서 폴더로
폴더에서 스마트폰으로
유모차를 타고 있는 돌잡이도 밀고 다닌다.
밀면 공룡이 나오고 영어영화가 쏟아진다.
밀면 다 나와.
어디 눈 둘 곳 없는 전철 안에서는 특히 더 모두는 밀고 있다.
운전을 하면서도 밀고 밥을 먹으면서도 민다.
잃어가고 있다.
정서를 잃고 시간에 낚이고
스스로에게 갇힌
닫고
폐쇄한 스마트폰 안의 세상
누구나 수시로 드나들 수 있는
21세기 최신형 감옥이 됐다.

Stone

무겁고
차갑고
단단한
통할 리 없는 돌로 살았다.

가끔은 가볍고 무른 게 좋을 때도 있었지만
단단하려 애썼던 나는 돌이다. 벽의 돌,

조약돌이 아닌 거대한 바위로
옮겨지지 않는 돌이고
움직일 수조차 없는 돌로 왔다.
눈보라가 폭우처럼 쏟아질 때도
한결같이 거기 서 있었다.

벙어리의 돌이고
어머니의 돌이고
여자의 돌로,

나는 천년의 돌로 살았다.

그 정서 “뭘 먹고 자랐니?” 라고 물으니
그건 ‘가난’ 이라고 했다.

또 다른 CCTV

눈이 아닌 가슴으로 찍고,

깨진 유리 화면에 걸려든 게 아니고 어둠을 감시하는 눈이 아녔으면 좋겠다. 흑백사진 속 먼 추억 한 토막을 회상할 수 있는 그런 X-레이 같은 거였으면 좋겠고 꽉 조인 청바지의 결핍보다 여름날 늘어진 테이프같이 조금은 나른한 듯 부족한 것만 흡수 촬영하는 CCTV였으면 좋겠다. 고정 아닌 회전까지 해가면서 곳곳을 촬영해대는 감시의 눈이 아녔으면 좋겠고 한 번 찍힐 때마다 한겨울 속 김이 모락모락 피어나는 호빵 같은 사랑이 뚝뚝 떨어졌으면 좋겠다.

실이 빛이다

실은 문명이다.

수명이고 줄이다.
줄은 빽이고 빽이 출세의 구멍이다.

구멍을 잡아라.

구멍에 볕들고 음지가 사라지면
빛은 빛의 꼬리를 물고 날아다닌다.

고로, 실은 빛이다.

득실거리는
—퇴근길

벤츠 스포츠카 앞에
국산 SUV 사륜구동 산타페가 달려 나간다.
질주하는 SUV를 벤츠가 따라잡질 못하고,

왼쪽 혈관이 막혔는지 병목현상이다.
그 속에 끼어 있는 SUV
틈새로 벤츠가 달려 보지만 역시 코앞에서 정체다.
모든 차들이 한꺼번에 뒤섞인 채로 붉은 라이트를 밟고 있다.
요리조리 끼어들기를 뒤죽박죽 어느 놈이 먼저 달려나갈까?

득실거린다.

그 모습 꼭 난자를 만나려 달려든
수천수만 마리의 정자 같다.

한참 후 어둠이 덮치고 까만 밤
모두는 블랙홀 주차장으로 빨려들어가 버렸다. 난자를 만났을까?

알프스의 봄

눈 속에 핀 꽃 너는 고목이다.

함박눈 날릴 때 같이 날아와 앉은 내가 물었지.

결빙,
그 조임의 빡빡함을 아냐고
건조한 외로움이 아리고 고통스런 그 청초함을
네가 아느냐고 말이다.

겨울의 딱딱함이 장작 같다.
장작 안에 따스힌 온기 들어 있듯 눈꽃이 봄을 베고 있고
그건 또 봄에 베일까 봐 결빙의 조임으로
더욱 단단해지려 애쓰고,

스스로를 결박한 어제가 그랬다.

임종 환자처럼

임종 환자에게 아침 햇살의 환희는 얼마나 큰 기쁨일까? 한 밤 자고 일어나 맞이한 한 끼니 밥 한 술 또한 마지막은 아닐까 싶어서 얼마나 소중하고 귀하게 음미할까를 생각하면 이 세상 한 순간도 귀하지 않은 게 없다. 병상에 누워 만난 사람과의 짧은 담소 한 마디 또한 얼마나 귀하고 벅찰까를 생각하면,

그럼에도 불구하고 오늘 나는 사람 만나기가 무섭다.

매순간 임종 환자가 만난 아침 햇살 같은 환희 기쁨으로 사람을 만나고 싶은데 혼탁하다. 찝찔하고,

바디페인팅 누드모델의

차가운 붓이 지나갔다.

피부에 닿을 때마다 움찔움찔 붓끝 부드러움의 스릴은 누드모델만이 누릴 수 있는 특권이다.

비튼 옆구리 라인을 타고 오른 붓이 머문 곳 봉긋 솟은 젖무덤 꼭대기다. 다시 배 밑을 타고 흐른 게 굳게 잠긴 파란 대문집이었다. 숲이 무성한 파란 대문집을 지나 허벅지의 모퉁일 돌자니 오목한 오금쟁이가 있고 거긴 어린 시절 소꿉장난하던 곳 움집이다.

다시 유화물감의 찬 기운이 기어간 곳 요염하고도 오싹한 보아뱀을 그리고 있었다.

허공

남자는 일기장 속에서 그리움으로 왔고
그렇게 왔던 것처럼 또 그렇게 그 안에서 보내 버렸다.

아무것도 아녔던 걸 오래 걸렸다.

인연, 그 에너지 이제 어디다 쓸꼬?

허공에 대고 '나, 여기 있소.' 소릴 질렀다.
아무도 들을 수 없게 붕어처럼 입술만 뻐끔뻐끔,

'나, 여기 있소.'

핥아먹고 발라먹고

술에 취하고 싶은 게 아니라
감정에 취하고 싸고 싶다.

나를 취하게 방치하는,

취한다는 건 조로다.

죽은 비둘기가 푸드덕거릴 리 만무한
남근(男根)을 빨고,

거머리를 달고 사는 여자

눈화장짙은거기에거머리가산다.

그게마약이고지옥과천국을드나드는뮤지션 'AMY'*다.그녀는,

거머리를달고사는여자다여자는짙은눈화장에서부터날마다미쳐가고있었다

나의거머리는뭘까?이외수는긴머리다.누군가는콧수염일테고

녹턴*,

* AMY: 에이미 와인하우스. 그녀는 2011년 27세로 사망. 그래 미상을 받기도 한 그녀는 대중적 인기를 누렸으나 마약과 알코올 중독으로 섭식장애와 같은 문제를 겪는 사생활로 파파라치들에게 시달려야 했고 결국 죽었다.

* 녹턴(Nocturn): 가수 이은미의 노래를 의미한다.

흔들려야 행복이다

너무도 소소한,

아주아주 작은 티끌 하나까지 잔잔하고 편안한 게 행복이다.

작은 것 하나가 괜히 들썩여 큰 불화 만들기도 하고 사소한 게 큰 염증으로 죽음 이르게 하는 트집이 아닌 소소함이 행복이고 작은 물꼬가 막혀 비옥했던 농토가 거친 불행의 씨앗 되듯이 물길 하나까지 그냥 흐를 수 있게 놔두는 게 그게 또 행복이다.

흔들려야 행복이다.

절망이 피운 꽃

절망이란 새로운 경험의 시작이다.

최악의 바닥에서 일어날 것밖에 없는 게 절망이고 슬픔 배고 있는 절망이 싹틔운 게 얼마나 찬란한 희망인지 그건 어둠을 아는 이만 아는 일이다. 약오른 땡초 같은 게 절망의 묘약이고,

악처가 있었기에 소크라테스가 존재했듯이 희망에게 절망은 악처 같은 존재다.

고로, 절망의 내가 존재한다.

중독·2

취하는 건 술만이 아녔다.
약에 취하는 것만도 아녔고
한 잔 이상의 '오감도' 에도 취하고
중독되는 건 마찬가지다.
게임에 중독되고
자살카페를 드나드는 우울보다도
더 큰 우울이 '오감도' 안에 있었다.
환각의 날개로 나는 '이상' 을 발견하고 나서야
그제서 취해 있는 게 중독인 걸 깨달았다.

중독의 '이상' 은 죽었다. 내가 또 중독되고,

내 겨드랑이에서도 날개가 솟을지도 모른다.
그러면 나는 '이상' 처럼 날 것이고
아니다, 체인 벗겨진 자전거처럼 한쪽 구석에
버려질지도 모르겠다. 중독,

글귀신도 밥은 먹더라

눈알이 요강만 한 아나콘다로
흐르는 게 한강이다

흐느적
꿈틀
차가운,

혼자의 에너지로 있는 그것은
요염한 혀 위에 예수를 앉혀 놓고
아래로 아래로만 흘러갔다.

가끔은 폐수로 오염되기도 하고
시민의 젖이 되어 주기도 하는 그것은
밤낮(?) 꿈틀거리며 갔다.

그런 글귀신도 밥은 먹더라.

푸른 말, 2014

열을 가하고
타 버리는 모든 것을 지켜봤더니
남은 건 정제된 순수였다.
순수에 긴 호흡의 입김 다시 불어넣으니
하얀 날개의 천사가 되더라.

날개마저 벗어 버릴까 생각하다가
최소한의 욕심은 걸치자 싶어 걸친 게
허물없는 예술인 '푸른 말, 2014' 였다

말 위에 걸터앉았다.

내가 생존하는 이유

1
거대한 아나콘다로 꿈틀거리고 움직인다.

2
그 위로 석양이 지나가고 계절이 바뀐다.
얼룩무늬 유람선은 물길 내며 흐르고
아나콘다, 그게 나다.
물 밑으론 역사를 기록하고 기생하는 모든 건
자유하는 영혼이다.

3
눈을 뜨고 잔다. 한강,

풍경 소리 달다

낭창낭창

숨으로 종을 쳤다.
바람은 어디 간 건지

달다, 풍경 소리

어느 드러머의 이야기

무아지경에 이른,

두드리고 깨고 찢고
액션 깊은 드러머 그는 까맣다.
힘있게 걷어내는 그의 튕김 소리
둥근 소리로 공간을 찢어댔다.

목젖 누른 저음을 타고 노는 한 마리
'싱어'는 한참을 새로 날아다녔다.
소금을 안주로 데낄라에 취한 건 나다.

12월 32일의 밤
리듬 타는 드러머의 날갯짓이 비로 쏟아졌다.
묵직한 콘트라베이스 여전히 색소폰을 헤매 찾고
무르익은 밤은 취기의 도가니다.

리듬 속 드러머, 영혼 없는 취객 같았다.

* 12월 32일 시인이 의도한 상징적 의미.
* 청담동 재즈카페 'once in a blue moon'에서.

백목련

실크 블라우스 같은 네 살결 눈이 부시다.
고결한 자태의 청초함이 어찌 그리 간결한지
붓끝 떨림이 감히 네 살결에 닿질 못하는구나!

내장근육이 과민성을 앓던 시절, 그래도 그때가 청년이었다

열 살 어린 시절의 말랑말랑한 피부는 소프트하고
스무 살 단련된 근육질은 쫄깃쫄깃 단단하기까지 하던데
서른 살, 그리고 마흔, 쉰 살의 과음과 폭식의 스트레스 푸석 살은
한 모금 찬물에도 과민성 반응으로 화장실을 들락거리게 하더니
예순의 내장은 그도 저도 반응 없는 감각의 내장으로 편안하게 해 주더라.

나이를 먹는다는 게 그다지 나쁘지만은 않던 건 '늙은 것도 힘' 이었다.

둥글게 왔으면 좋겠다

물길도 곧은 것보다 둥근 게 아름다웠다.

분재도 최대한 굽어 비틀어 놓은 게 제 값을 받는다.

내면의 침묵, 그것도 둥글게 왔으면 좋겠다.

싸가지

싹뚝,
자른다.

벼냈더니
죽었다.
또 싹은 자라고

댕강,
이번엔 목을 베었다.
잘려나간 목이
데굴데굴

철컥,
다시 목이 붙었다.
쑥쑥 자란다.

싸가지,

해따(했다)

붓끝에서 폭포가 떨어지고
바람은 화선지 위에서 일었다.

제멋대로 뒹구는 낡은 화구가
도랑에 빠지고부터 척척 먹을 쳐댔고
백발의 할아버지는 그제서 먹 맛을 알았다고

해따.

* TV를 시청하다가.

목화꽃 할머니마냥

뙤약볕 밭이랑 가득 목화꽃 만발하면 물레 잣던 할머니 손끝에서 솔솔 실이 뽑아져 나왔다. 그것같이 뭔가가 쏟아져 나올까 싶어 초여름 詩마당에 詩를 파종했다. 바싹 마른 뇌밭에서 싹이 돋았다.

또다시 너풀너풀 목화꽃이 피어나고 나는 영근 詩 한 소쿠리를 캐냈다. 할머니마냥.

울프·2

여기는 민방위 본부,
민방위 본부에서 알립니다.

시인은 결핍덩어리 그녀는 말이 좋아 시인이지 포스트모더니즘의 詩를 쓰는 정신병자이고 때때로 극치에 머무는 시인은 삶의 상처로 추락하기도 한,

'Yes'밖에 모르는 여자는 무지의 여자고 '꽝'인 여자는 道로 안달하는 여자이기도 하다. 에너지틱한 본능 하나 끌어내려 울부짖는 울프이기도 하고,

여기는 민방위 본부
이상 시인을 알렸습니다.

믿지 마라. 여자는 깡패였다.

출구를 찾아라

개미는 피가 없다.
개미는 피를 흘리지 않는다.
베르나르 베르베르의 ‘개미’는 피를 흘린다.

(다섯 마리의 여왕개미 중 한 마리의 여왕개미를 남기기 위해서 네 마리의 여왕개미의 목을 잘라 죽이는 개미의 습성에서 그때 잘린 목에서 개미는 피를 흘리지 않는다)

출구를 찾아라.

(내가 내게 하는 질문의 질을 높여라! 개미는 종교가 있나요? 인간만 하는 거 개미는 이미 하고 있었다. 농사 짓고 전쟁, 싸움은 물론 이웃 나라의 개미 활용하다가 분업까지를 다 하고 있었다. 개미는 인류 지배자보다 앞서 있었다. 꿀단지개미 알코올개미, 일꾼개미)

개미는 피가 없다.
나도 없다.

출구를 찾아라.

중풍에서 암의 불안까지 그 모두의 출구를 찾아라. 개미는 피가 없다. 나도 없다.

* ( ) 안의 것은 생태학자 최재천 강의에서 발췌.

결핍 · 2

극비는 극비라고 말하는 순간
극비가 될 수 없다.

오토바이에 극비를 매달고
극비로 달린다고 극비 될 수 있을까?

태극기가 펄럭입니다

태극기가펄럭입니다.

바람이라고는개미새끼한마리
움직이지않는찜통더위속말복날
태극기가펄럭입니다
현해탄의가랑이사이에서펄럭입니다
구린소문으로펄럭입니다

먹다남은라면발퉁퉁불어터진
굼벵이몸통만큼굵어진그것같이많이
배들놓진태극기가뒤늦게펄럭입니다
그런태극기를나는지금
역사의망언,아베의상여에꽂으려합니다

태극기가펄럭입니다

늙은 나방

늙은 나방 한 마리
자본주의 날개를 파르르 떨고 있다.
날지 못하고 기어간다.

암을 앓는 나방
수저 내려놓는 소리

나는 그에게 보리밥 한 덩이 푹 떠서
양푼에 열무 약간 고추장 반 큰술 넣고
썩썩 비벼 먹이고 싶었다. 청춘,

귀를 찢는다

충분히 무식했던 귀를 찢는다.
걸어들어간 발로 찢고 혀로 찢는다.
곰 한 마리 파리한테 지고
사자는 모기로 인해서 죽는다.

세상적인 모든 것은 얕잡을 수 없었다.

수염

'이상' 의 수염을 하나 뽑아서 내 턱에 옮겨 심고
'김춘수' 의 수염을 이식하면
나, 염세주의 될 수 있을까?

날마다 기상하는 남자

지상이 비상이다.
날개 없는 비상은 추락을 꿈꾼다.
기어가거나 날거나 빛은 같다. 다르다.
워커를 신고 비상하는 건 개미 다리다.
해가 지고 동굴로 들어올 때만 날개를 접는 남자.

부자지는 눕히고,

히잉~
부리고 있는 말이 운다.

길들여진 새벽닭들.

단테의 신곡을 읽는 누에

나는 한 마리 파란 누에다.

해가 떨어지면 나는 매일 밤 하얀 섶(잠족)에 오른다.
거푸집 같은 거기로 들어가 잠을 청하고
누에로 변신하고 누운 그대로 움직임이 전혀 없는 나는
여명 트는 새벽을 흔들어 깨우고 그제서 꿈틀거린다.
파란 몸을 꼼지락거리고
다시 잠들면 몸은 고요하다.
하얀 이불이 숨 쉴 때마다 들썩인다.
그 속에서 가끔 고요가 깨질 때면
그건 수컷이 교미를 해올 때다.
넉 잠을 자고 난 나는 그제서 시인이 되고
왕성한 식욕으로 시를 짓는다.

번데기를 거쳐 나방으로 다시 교미하고 부화되면 시인은 그
제서

단테의 신곡을 읽는다.

氣, 깃을 세워라

연장은 부러졌다.
연장은 깨졌다.
연장은 그 이후 낙서하지 못했다.
연장은 더 이상 무기가 될 수 없었다.
연장은 더 이상 연장이 아니다.
연장은 더 이상 부풀어오르지 않았다.
연장은 아무도 이기지 못했다.
연장은 흐물흐물 연체동물이 되어 버렸다.
연장은 죽었다. 남근,

집된장 같은 여자

폭설이 내렸고 두문불출
겨내 김장김치만 파먹고 살았다.

얼마 후 산사에 진달래가 피었고 볕이 들기 시작했습니다.
텃밭에 나가 겨울 건너온 시금치를 캐왔고
깨소금 약간 참기름 파 마늘을 넣고 조물조물
한 점 싱그러움을 상상하며 맛을 봤습니다.
아뿔싸,
밍밍한 맛?
소금이 빠졌습니다.
약간의 간을 하고 다시 조물조물
냉이무침이랑 보글보글 집된장이 끓고 있고
한 상 가득 봄을 부려놓고 대문을 열어제치고 서서
눈밭이었던 허공에 대고 냅다 소리를 질러 버렸습니다.
'집된장같이 묵은 여자 저, 여기 있어요.' 하고 인기척 하나
배설해 놓고 한바탕 웃었습니다.

시원했다. 무더위 속 한 줄금 소나기같이,

불안만 떠먹는 갱년기

불안이 갱년기다.

시동을 걸었고 승용차는 하이웨이를 달렸다. 어디 숨어 있었던 걸까? 갑자기 작은 공간 안에서 푸드덕 손바닥만 한 나방 한 마리가 날아올랐다. 그리고 사라져 버린,

고요가 더 불안한 실랑이 속 긴장감.

창문을 열어젖힌다. 여전히 어디에도 기척은 없다. 불안이 깊을수록 엑셀을 더 세고 깊게 밟아댔다. 그럴수록 공포는 불안과 비례해졌다. 85마일의 과속도 불안의 속도다. 의자 밑에서 언제 기어나와 엑셀 밟고 있는 허벅지를 타고 오를지 모르는 소름 돋는 긴장감의 공포, 승냥이에게만 있는 게 아녔다.

한 마리 나방의 공포 같은 불안만 떠먹는 게 갱년기다.

고슴도치

수리 한 마리 점처럼 작게 비행중이다. 그걸 올려다보고 있는 나, 강렬한 태양빛에 가려 전혀 그가 보이질 않는다. 그는 지금 수직 하강하고 있다. 나는 곧 죽음이다. 그 한 마리 어디로 날고 있는지 전혀 알지 못합니다.

자체가 위험 신호인,

일방적으로 숨긴 싫다. 비릿한 비린내의 비열함이라 싫다. 그렇다고 해서 그 큰 빛을 가릴 수도 없는 노릇이고 그를 날지 못하게 할 수는 더더욱 없는 일이다. 이미 불붙은 화살 같은 그의 앞에서 나는 필사적으로 착시현상을 일으킬 것이고 맛난 먹잇감으로 둔갑된 자체발광을 온몸에 고슴도치마냥 가시가 돋게 하거나 독이 든,

이게 생존이다.

길 잃은 불안의 사랑아

싸락눈 젖히고 나온 보랏빛 제비꽃에게 입맞춤으로 맞이하는 마파람 같은 온기 가득한 당신의 입김은 반세기가 넘었어도 아직 천 리입니다.

바지랑대 끝 잠자리 같은 사랑아! 안 오는 건지 못 오는 건지. 혹 길 잃은 건 아닌지 여보게 당신, 나는 밤에 벌써 군불을 지펴놨습니다.

뇌를 째려보다 건진 해체

롤렉스 시계를 분해하듯 뇌의 뚜껑을 열었다.
하나씩 뜯고 들어가다 보면 작은 골목 같은 구멍이 있고 음침한,

째깍거리며 굴러가는 초침 소리 깊고 오묘한 정적을 깬다.
구멍 속으로 점점 깊게 걸어들어가다 보면 미녀와 야수가 있고
허름한 농가의 정원이 아름답다.
풀벌레 소리 초침 소리 같고
뇌밭은 아직 몽블랑 만년설같이 깊고 푸르고 차다.

영혼 아름다운 치매를 해체한다.

해탈

손가락에
손으로
손이 붓 되게 해서 유화물감을 쳐댄다.

질, 촉감 낭창낭창한 게 道다.
부드러운 게 道고
선이 없는 게 道다.
물렁한 게 道고
삼천배로 흐물흐물해진 몸이 道고
탐욕이 밀라붙고 착한 게 道다.
기운 없는 게 道고
잠자리 날개마냥 얇은 게 道다.
단순해서 훤히 비치는 게 道고

붓이 된 손이 道다.

하이힐

붉은 하이힐을 신었다.

힐이 높을수록 위험한
굴곡 깊은 하이힐을 신었다.
그게 족쇄가 된 걸 알았을 땐 이미 벗을 수가 없었다.
너무 깊은 걸 신어 버렸기 때문이다.
한 사람이 앓아누웠다.
그로 인해 모든 건 둔해졌다. 그렇거나 말거나
가장 붉고 높은 욕망을 또다시 신는다.

발에 꽉 끼는,

절박하고도 순수한

한겨울 하고도 한복판 그것도 모자라 마른가지 끝에 매달려 있는 잎사귀같이 바람에 떨며 위태롭기까지 한 생명력 그 자체를 버텨내는 게 '삶'이다.

푸른 숲 뒤 그늘에 몸을 숨긴 포식자의 눈빛같이 예리하고 날카로운 찰나적인 순간을 포착해야 하는 게 또한 인생이다.

그러나, 때 묻지 않은 순수로 하루씩을 지탱해 가는 게 생존이고,

빛을 따라간다.

'안광지배' 로다

뾰족이 목련 봉우리가 솟았다.
갑옷 같은 껍질 어찌 뚫고 왔을까?
그 새순 같은 힘 내게도 있는데
무엇에 쓸까?
뭘 뚫지?

'안광지배' 로다.

내 안에 장님이 눈을 뜨다

평생 무거운 짐을 짊어지고 다녔다.
벗어 놓으면 어느새 또 매달려 있고
정신적 고충이 이만저만이 아녔다.
그런 사랑 하나 이제 그만
내려놓으려 하는데 여간 어려운 게 아니다.
어디를 가면 이 짐을 부려놓을 수 있을까?
누구에게 짊어지어 줄까를 늘 고민으로 있었다.
이도저도 아무것도 아닌 사랑 하나 벌떡
떠밀어 버렸더니 후련했다.

짐이 되는 순간 모든 건 사랑이 될 수 없다.

아름다운 길 뇌 속엔

고불고불 창자 같은 뇌밭으로 길이 나 있고
달구지는 그리로만 다녔다.

5월의 청보리밭은 그 자체가 청춘이다.

안개 짙은 늦가을의 흐릿한 풍광 속에 그가 서 있고
구불구불 뇌밭의 오솔길 내가 지나오고

이듬해 찔레꽃 꺾어 머리에 꽂고 나는
개망초로 밥을 지었다.

5월에 눕다

노랑 든 연초록이 실바람에 흔들리고
싱그러운 5월의 대청마루엔
눈 덮인 겨울을 건너온 햇살이
다섯 살 아기 같은 초록으로 말을 걸어왔다.
벌 나비 엉겨 놀던 추억이 은근한 미소 머금은 채 놀자고
깊은 주름 위로 걸터앉으니
그 추억 타고 땡볕으로 걸어올 6월은 짙푸름이로구나!

누드가 있는 방

야한 방이 아닙니다.

시인의 방에는 이젤이 있고
거기 허리엔 캔버스가 걸터앉아 있습니다.
시인은 때때로 유화물감을 쳐댔고 와인을 마십니다.
취객이 된 시인이 있고 시가 그림 속 모델들과
엉키고 굴러다닐 즈음인 축시
그림 속 모델들이 하나둘씩 걸어 나와 방 안 가득
가면의 무도회가 열립니다.
모두는 흐느적거리고 춤을 춥니다.
누드그림이 누워 있던 시인의 방에는
클림트의 모델들이 한꺼번에 달려들어
잘 입혀진 물감들을 벗겨내기 시작합니다.

시인은 붓을 든 채 시를 벗기고,

늙는 것도 힘이다

짙푸른 청년 시절 도도하다 못해 하늘을 찌르고 서 있었다.

비바람이 불고 천둥번개 치던 날 날카로운 빛에 허리가 잘려 나갔다.

그 이후 잎은 지고 가지가 말라붙기 시작했다.

버섯도 꽃이라고 부러진 허리에 그거라도 피워댔더니만

그나마 그게 그래도 운치 있게 하더라. 늙기를,

선방스님의 道 안에서 크는

선방의 스님들이 벗어놓고 들어간 댓돌 위 흰 고무신에서 나는 엣지 있는 'V'자 표시를 발견한다. 아직 살얼음 성성한 날 그게 봄으로 왔다. 내게,

봄은 고요했으나 내면은 겨울 같은 은근한 아우성 '소유'가 들어 있었다.

봄, 소리

雨로 매를 맞고
雨가 적시고
雨로 움튼 詩心이 한꺼번에 흔들리니
그게 곧 '봄, 소리'로다.

사바나의 풍경

1
누 떼들의 힘찬 발굽 소리
그걸 지켜보고 있는 고요한 도마뱀의 눈알
누 떼가 업고 온 파리 떼를 노리는

그게 생존이다.

2
두툼한 사자의 발이 낮잠을 자고 있고
도마뱀 한 마리 겁 없이 그의 배 위를 기어다니고 있다.
사자 등 위에서 날고 있는 날파리를 노리는,

그 도마뱀의 혀이고 싶은 게 나다.

예수도 아프다

까만 밤 가수 이은미가 맨발로 서서 자꾸 '큰 비 쏟아지던 밤' 어쩌구 하더니만 오늘 드디어 큰 비가 쏟아졌다. 대지만 적시고 가면 좋았을 걸 그건 그렇지 못했다.

속까지 젖지 말았어야 했는데 벌써부터 한 자락 구석부터 젖고 있었으니 어처구니가 없다. 서둘러 옮겨 앉아야 하는데 아직 미완성이다.

젖지 말아야 할 게 젖어 버렸다. 오해,

예수가 아프다.

쉰여덟에 무녀도 속 '모화'의 딸 '낭이'를 만나다

무녀도 속 무당 '모화'가 논다 모화의 딸 '낭이'가 귓속말로 다가오니 김동리 그만 고무신을 들고 뛰어오더라. 동리는 그들의 머리채를 잡고 무녀도 속으로 끌고 들어가 버렸다. 소설, 액자 안에 그들을 가둬 놓고 거꾸로 나를 조롱하는 동리, 나는 척척 책장을 넘겼다. 넋이 오른 모화 영가 부르는 소리 영화 '사랑과 영혼' 속 '우피 골드버그'가 화면 속에서 툭 튀어나올 것만 같은 찰나 예수쟁이 모화의 사생아 '욱이'가 죽는 바람에 그만 모든 건 산통이 깨지고 말았다.

나는 동리를 불러들였고 '무녀도' 다시 쓰자고 북을 쳐댔다. 어차피 인터넷 속에서는 무속인들이 판을 치는 세상 아니냐고 말이다.

오늘은 이런 생각으로

A급 탤런트들 몸매관리 하듯
'노후대책'을 다이어트 한다.

과욕의 사치로 비만인 지금을
노후가 '노후대책' 되게 하는 비법이라면?

1급수 청정지역 내면
송사리, 붕어 노니는
개울로 만들어야겠다.

읽을 게 없는 게 시집이다

요즘 詩는 읽을 게 없다.
글자 읽는 것조차도 지루할 뿐 재미가 없다.
막장 드라마에서부터 CSI는 물론
사이코패스가 들끓는 스토리까지
섬뜩할 만큼 큰 스토리나 리얼하다 못해 감동 자체인
영화와 뮤지컬에 비하면 詩는 맹송맹송 읽을 게 없다.
詩가 詩되려면 적어도 글자와 눈을
맞출 수 있는 기회라도 줘야 하는데
그러기엔 밍밍한 수정과 같은 게 요즘 詩가 됐다.

참으로 민구한 일이다.

시인이 철학자란 말도 옛말이 됐다.

혼자 웃지요

혼자 웃었어요.
비 맞은 닭이 따라 웃기에 웃었습니다.

혼자 웃었어요.
비 맞은 닭이 웃어서 웃었어요.
비 맞은 닭이 웃겨서 혼자 웃었습니다.

닭은 날지 못하잖아요.
그래서 또 웃었습니다.

탈 속에 탈

탈 뒤에 탈
탈 너머 얼굴
얼굴 너머 정신
정신이 탈이다.

탈을 쓴 영혼,

아상

고집,
고집,

당신이 우겨 사는 사이
난 평생 가슴에 바위를 얹고 살았습니다.

당신 생각 있듯이
내 생각도 있었다오. 아상!

내 안에 그걸 먼저 내려놓으라고 스님이 말하기에
당신 고집 꺾으려는 내 고집도 만만찮았소. 스님 말처럼,

미안하오.

* 법륜 스님의 '아상'에서.

엄마는 테러범

영화관이다.
빠른 속도로 스크린이 움직이고 엄마는
두건을 썼다.
머리가 지끈지끈 콧물 찍 기침 콜록
감기를 잡아라.
뒤주 속 세자 몸부림치고 영조 호통이다.
폭우가 쏟아지고 두건 쓴 칼을 내리치니
비극의 피가 흐른다.
감기를 잡아라.
에어컨이 너무 세다. 환절긴데,

테러범, 당신을 감기로 책봉하오.

* 이준익 감독의 '사도'를 보다가.

파밭

무성했던 푸름이
나이 들면서 점점
희끗희끗해지더니
반세기를 건너오면서
하얀 파밭이 됐다.

그대로 두면 좋을 걸
자꾸 염색을 해대더니
어느 날인가는 '슈렉'마냥
녹색으로 들어왔다.

달도 앓는다

소리 없는 간이 간을 앓는다.
아픈 간으로 오기 전부터 침실엔 불이 켜져 있었다.
아픈 간이 책을 읽는다.
책 속에서 간이 간을 파먹었다.
붉은 간이 더 붉은 책을 읽어대고 찢어진 달이 간이다.
달을 앓는 간이 긴 혀로 흡혈귀마냥 피를 빨아먹었다.

달로 앓는다.

월경

달거리할때쯤이면날개달린위스퍼를풍선처럼매달고들어오던때가있었다. 지금새로운월경으로있는늙은여자는하얀깃발을내다걸고장군신을모셔놨을지도모르겠다. 투구를쓰고칼대신펜을차고달리던상상력은달거리마냥달(月)로돈다.

주변의 맛집이 우리 건강을 해친다

쥐구멍 드나들 듯 드나들었다. 쫄면집,
맵고 짜고 면발 질긴 그 맛에 매료된 나
얼마 후 만성신부전증이란다.

'*' 씨 성을 가진 아이스크림 집
뻔질 드나들던 열 살 손자는 비만으로 배가 굽혀지질 않고
노란 휘장의 ***를 먹고 뛰질 못했다.

고구마가 유일한 간식이었던 시절
그땐 적어도 성인병은 없었다.
그립다. 시금치나물 조물조물 무치고 춘삼월 쑥국 있던 시절이,

태풍, 고니야

약간의 보슬비가 내리고 있고
바람만 잡아먹을 듯 요란하다. 정동진,

밤새 죽을 듯 쏟아지고 바람 불더니
그 큰 바다가 통째로 지랄합디다.

고니 지나간 다음날 아침
파도 그놈, 거대한 고래가 불쑥 등 내미는 것 같이
꿈틀거리더라.

급물살, 꿈으로 왔다

내 나이 쉰 하고도 여덟 살

사십삼 년 묵은 댐이 터졌다.
거대한 물살로 쏟아졌고
순식간에 모든 것들이 떠내려갔다.
썩은 부유물들이 춤을 추며 흘러가고,

후련하다. 엄청난 무게로의 억압

다시 사십삼 년 만에 터진 댐, 그도
무쇠로 만든 책상은 흔들지 못했다.

존재하는 모든 건

사하라 사막의 모래언덕 모래 흐르는 소리 멀리서 은은하게 들려오는 하모니카 소리 같게 들렸다. 그러나 그 속내는 절대로 한가하지 않았다.

발바닥이 뜨거워 한 발씩 들었다 놨다 정신없는 도마뱀 한 마리 와중에 비늘의 반사로 먹이를 유혹해 보는데 굴 속에서 더듬이 내밀어 그걸 확인하는 귀뚜라미 잡아 먹으려는 놈과 버티는 놈의 경계 사이 존재하는 건 생존이다.

붉은 개미 한 마리 제 몸보다 두 배나 큰 똥파리 시체를 질질 끌고 가고 있고 내리쬐는 별의 고통이 생계다.

사막은 스물네 시간 약육강식만 존재했다.
내 우리도 약육강식, 중이다.

* '동물의 왕국'을 보다가.

SNS가 더 詩 같은 오후

詩人이 詩人이라고 말하기엔 너무 부끄러운 세상이 됐다. 진정 詩人이라고 말하는 사람들은 펜은 자빠뜨려 놓은 채 감투와 이기를 놓고 연륜으로 둔탁한 목소리 키우기 바쁜데 SNS 속 그들은 이미 詩人보다 더 詩人처럼 좋은 글들로 진리를 펴대고 있었다. 가끔 그것들을 읽다 보면 詩人인 게 여간 부끄러운 게 아니다. 이 시대 진정한 詩人은 누구란 말인가? 거듭 거듭 詩人이라고 말하지 못하겠다. 나는,

고요를 깬다

억압된 끼가 한꺼번에 성난 홍수로 쏟아졌다.

더러는 붉은 용암 돼서 꿈틀거리고 내면 깊숙이 흐를 때도 있었다.

언제까지 저 에너지 그냥 흘려 보낼 것인가?

고민하다 버린 원고를 다시 줍고 에너지를 뒤집는다.

뉴욕, 거기는 나에게 밝은 빛의 동네다.

이듬해 거기다 모든 걸 파종하고 싶은데,

관

염을 했고
관에 눕혔다. 그리고
불구덩이에 처박았다.
화염이 산만 해졌다.
한 줌 재를 뿌리고 붓을 세웠다.
붉은 잉크가 떨어지고 흔적은 오래 갔다.

백발 성성한 오뉴월 어느 오후
자빠진 붓을 들고 먹을 친다.

'無'가

관이다.

창작노트

낡고 녹슨 푸른색의 용달 트럭이 해변 모래사장에 서 있었다. 두 사람이 타고 있고 둘은 말이 없다. 겹겹으로 밀려오는 거친 파도 소리가 고요를 깰 뿐 꽉 닫혀 있는 트럭 안은 여자의 담배연기로 잔뜩 해무가 낀 것 같게 보였다. 여전히 인기척이 없는 트럭 안에는 짙은 어둠이 엄습해 오고 밤바람이 차다. 궁색하게 웅크리고 있는 여자가 흐릿하게 보이고 오래도록 전화벨이 울려도 받지 않는 두 사람. 혼자 울다 끊어진 벨소리는 파도가 업고 온 포말처럼 소멸돼 버리고 흔적이 없다.

칙칙한,

바다 끝에서부터 여명이 터오기 시작하는 새벽녘, 밤사이 트럭 안에서는 무슨 일이 있었던 걸까? 여자의 배가 만삭이다. 이미 밀물로 인하여 트럭은 칠부능선까지 바닷물에 잠겨 있고 시커먼 구름 밑에서 폭풍이 불어닥친다. 걷잡을 수 없이 폭우가 쏟아지고 있고 거친 파도가 순식간에 트럭을 집어삼킬 듯 요란하다. 여자는 여전히 담배를 물고 있고 맨발이다. 가시방 위에 걸쳐 놓은 발가락이 유리창에 찌그러진 채 비친다. 운전석에 앉아 있는 남자,

그건 시체였다.

* 어느 영화 속 배경에 시인의 상상력, 스토리를 입혔다.

비밀 주머니

옆구리에 비밀 주머니를 차고 다녔다.
거기에서 콩알만 한 싹이 돋기 시작했다.
물을 주고 볕을 쐬게 했더니
내 키만큼 커졌다.
사랑스러워 꽃을 피우게 하고 열매 맺게 했더니
열매 역시 놀부가 탄 박만큼 커졌다.
그걸 타던 날 별이 쏟아졌다.
결핍,

선글라스 안쪽에서 크는 애증

비 오는 날에도 선글라스는 쓴다.

빗길 달리는 그 너머 선글라스 밖은
5월의 단비로 대지를 적시고 있었다.
여자는 그마저 빛을 차단한다.

싱그러운 잎사귀 뒤에서
제법 흔들리고 있는 바람엔
애수 깊은 여인의 눈물이 들어 있고
여자는 철저하게 빛을 차단한다.

그 안에서 애증은 크고 있었다.

실수와 착각 사이

입술에 점이 있고
그로 인하여 福 짓는 말을 하지 못하는,

믿는 일조차도 德되게 못 믿는 이가
용상까지 흔드는 늙은 암캐 상궁마냥 노을 같은
음기를 부려놓기 바쁘다.

그는 검은 그림자를 업고 다녔다.

상궁 같은 그녀의 음기가 노린 건
정녕 무엇이었단 말인가?
결국 긴 세월 뒤 음기에게 본인이 조롱당할 걸

깜빡,

망가져야 얻는다

나는 배우다.

망가져야 얻습니다.
망가집시다. 철저하게,
누군가의 작은 목소리가 들렸다.
잠시 뒤 머리채를 흔들고 몸을 뒤틀었다.
모든 건 뒤죽박죽이 됐다.

망가져야 얻습니다.
내면의 모든 것을 끄집어 내십시다.
고상함도, 뼈가 든 교양의 가식도
던지십시오. 그리고 사랑합니다.

얻는다.
두려움은 공포만 만들 뿐입니다.
기적을 이루십시오.

가식의 여배우 탈을 벗은 나는
이제서 사람 속으로 들어갈 수 있어졌다.

빛으로 매를 맞다

영롱한 햇살 그 빛으로 매를 맞는다.

세 살 아기의 해맑은 웃음 같은 빛으로 놀았다.

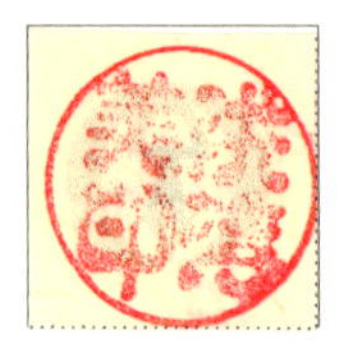

홍순미 시집_ 체념에서 봤다

초판 인쇄 | 2017년 1월 25일
초판 발행 | 2017년 1월 30일

지 은 이 | 홍순미
발 행 인 | 문효치
편집국장 | 김밝은

펴낸곳 | 사단법인 한국문인협회 月刊文學 출판부
주소 | 서울시 양천구 목동서로 225 대한민국예술인센터 1017호
전화 | 02-744-8046~7
팩스 | 02-743-5174
이메일 | klwa95@hanmail.net
등록 | 2011년 3월 11일 제2011-000081호
ISBN 978-89-6138-343-1 03810

값 8,000원